Naturphänomene

Wasser

Gymnasium
Baden-Württemberg

Schroedel

Naturphänomene
Wasser
Arbeitsheft
Gymnasium Baden-Württemberg

Bearbeitet von
Gerhard Ulmer

Beratung durch
Hans-Ulrich Firnhaber
Klaus Rißler

Unter Mitwirkung der Verlagsredaktion

Fotos
Hans Tegen

Illustrationen
Volkmar Rinke

Titelbild
Brandungswelle (Jürgen Kochinke, Holle)

Bildquellenverzeichnis
2 re.ob.: Okapia, Frankfurt; 2 Mitte: J. Kochinke, Holle; 2 li.ob., 2 li.unt., 10 li.: Mauritius, Mittenwald; 10 re.: dpa, Frankfurt; 22 li.: ZDF, Mainz; 22 re.: Stark Verlagsgesellschaft mbH, Freising; 24 li.: Mauritius, Mittenwald; 24 re.: dpa, Frankfurt

ISBN 3-507-**76300-1**

Druck A 5 4 3 2 1 / Jahr 2001 2000 99 98 97

Alle Drucke der Serie A sind im Unterricht parallel verwendbar, da bis auf die Behebung von Druckfehlern unverändert. Die letzte Zahl bezeichnet das Jahr dieses Druckes.

Satz und Druck: Kleins Druck- und Verlagsanstalt GmbH & Co., Lengerich

Neue Rechtschreibung

Dieses Werk folgt der reformierten Rechtschreibung und Zeichensetzung. Ausnahmen bilden Texte, bei denen künstlerische, philologische oder lizenzrechtliche Gründe einer Änderung entgegenstehen.

CHLORFREI

Gedruckt auf Papier, das nicht mit Chlor gebleicht wurde. Bei der Produktion entstehen keine chlorkohlenwasserstoffhaltigen Abwässer.

Inhaltsverzeichnis

Unsere Erde ... der Wasserplanet!

1 Wasser kommt überall auf der Erde vor und tritt in verschiedenen Formen auf. Ordne die folgenden Begriffe als Überschrift den Fotos zu:

- Wolken
- Regen
- Wasserdampf
- Eisberg

- ____________________

Zustand: • ____________

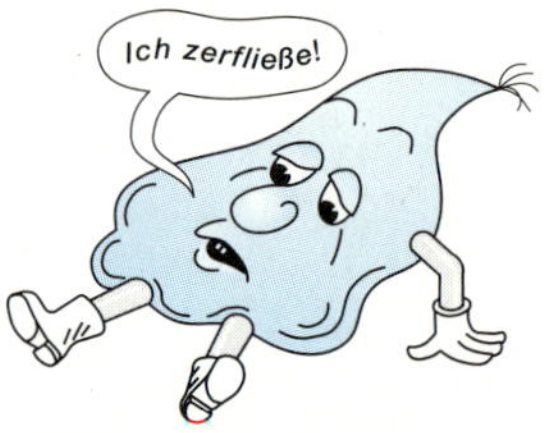

- ____________________

Zustand: • ____________

- ____________________

Zustand: • ____________

- ____________________

Zustand: • ____________

2 Welche Formen des Wassers – fest – flüssig – gasförmig – erkennst du auf den Fotos? Trage diese jeweils in die Kästchen ein.

3 Finde weitere Beispiele, wo verschiedene Formen von Wasser auf der Erde auftreten:

- ____

____

____

Trinkwasser für viele „unnötige“ Zwecke? 3

1 Sieh dir die unten dargestellten Tätigkeiten an. Überlege, welche für dich am wichtigsten sind. Zähle auf:

1. ______________________ 3. ______________________

2. ______________________ 4. ______________________

2 Schätze ab, wie viel Liter Wasser du bei den einzelnen Tätigkeiten pro Tag wohl brauchst. Trage deine Vermutungen jeweils in die Kästchen ein.

Körperpflege ohne Baden ______

WC ______

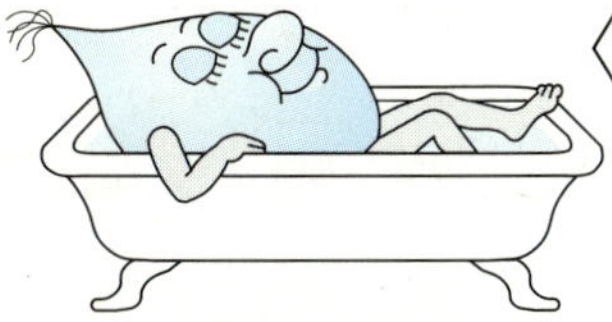

Baden und Duschen ______

Wäschewaschen ______

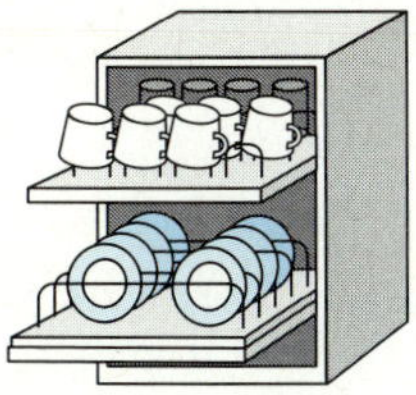

Geschirrspülen ______

Trinken und Kochen ______

3 In der linken Spalte der Tabelle sind 6 Verbrauchsangaben pro Tag vorgegeben. Versuche die oben dargestellten Tätigkeiten zuzuordnen:

7 Liter	
11 Liter	
17 Liter	
30 Liter	Baden und Duschen
30 Liter	
35 Liter	

4 Vergleiche deine Schätzungen mit den Werten aus der Tabelle.

! An einem Tag verbraucht eine Person in Deutschland ungefähr __________ wertvolles Trinkwasser. Der Mensch trinkt aber pro Tag nur __________ Wasser!

5 Wo kannst du Wasser einsparen? Zähle mehrere Möglichkeiten auf:

____

____

Die Wasseruhr ist unbestechlich!

1 Hier siehst du eine WASSERUHR. Jeder der 4 Zeiger entspricht einer bestimmten Angabe in Liter. Lies die weiteren Zuordnungen ab und trage sie ein.

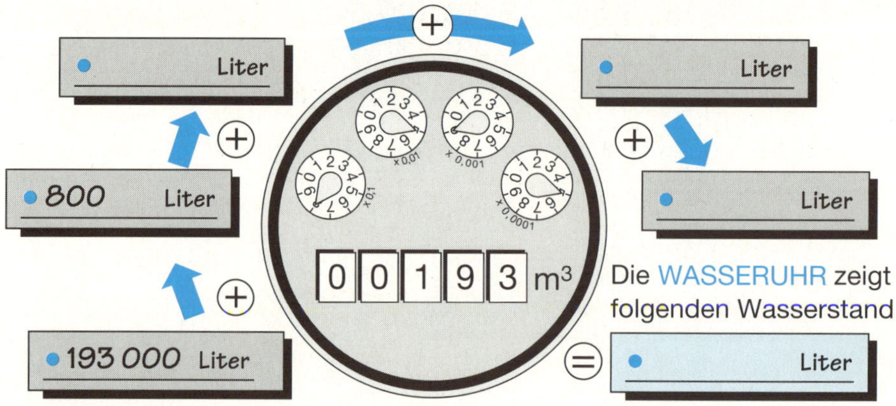

Die WASSERUHR zeigt folgenden Wasserstand an:

• ______ Liter

2 Kontrolliere den WASSERVERBRAUCH deiner Familie während einer Woche. Dazu musst du jeden Tag zur gleichen Uhrzeit eure Wasseruhr ablesen. Trage die Werte in die folgende Tabelle ein:

Wochentag	WASSERSTAND	verbrauchte WASSERMENGE
Sonntag	• ______	
Montag	• ______ Liter	• ______ Liter
Dienstag	• ______	• ______ Liter
Mittwoch	• ______ Liter	• ______ Liter
Donnerstag	• ______	• ______ Liter
Freitag	• ______ Liter	• ______ Liter
Samstag	• ______	• ______ Liter
Sonntag	• ______ Liter	• ______ Liter

3 Aus dieser Tabelle kannst du verschiedene Ergebnisse ermitteln:

a) Euren Verbrauch in 1 Woche: = • ______ Liter

b) Euren Verbrauch je Tag: ungefähr • ______ Liter

c) Welcher Wasserverbrauch ergibt sich für DICH, wenn du beim Tagesverbrauch die Anzahl der Personen in eurem Haushalt berücksichtigst? ungefähr • ______ Liter

1 Sammle 4 verschiedene Flaschenetiketten von Mineralwasserflaschen und klebe sie in die gekennzeichneten Felder (1–4).

2 a) Es gibt Mineralstoffe, die auf den Etiketten aller 4 Wassersorten aufgedruckt sind.
Zähle diese auf.

- ______________________________
____
____
____
____

b) Übertrage diejenigen Mineralstoffe, die nicht in allen 4 Wassersorten vorkommen.

- ______________________________
____

3 Besorge dir 3 gleiche Schnittblumen (z. B. 3 Nelken oder 3 Tulpen oder 3 Astern oder …). Stelle sie einzeln in je ein Becherglas mit LEITUNGSWASSER, MINERALWASSER und DESTILLIERTEM WASSER.
Beobachte die Blumen 2 Tage lang und beschreibe:

- ______________________________
____
____
____
____
____
____

1. Etikett

2. Etikett

3. Etikett

4. Etikett

! LEITUNGSWASSER und MINERALWASSER enthalten lebensnotwendige

- __ __ __ __ __ __ __ -Stoffe!

1 Gib ein Stück WÜRFELZUCKER in ein Glas Wasser und beobachte es. Zeichne deine Beobachtung in die Bechergläser ein und beschreibe was zu Beginn, nach 4 Minuten und nach 8 Minuten mit dem Würfelzucker passiert ist.

• ____________________ • ____________________ • ____________________

____________________ ____________________ ____________________

____________________ ____________________ ____________________

____________________ ____________________ ____________________

2 Wie lange bleibt der WÜRFELZUCKER sichtbar?

a) in Leitungswasser ohne Umrühren? • ______ Minuten

b) in Leitungswasser mit Umrühren? • ____________

c) in warmem Wasser? • ____________

Das Auflösen von ZUCKER lässt sich durch • ____________________ und durch • ____________________ des Wassers beschleunigen.

Wenn der Zucker in Wasser gelöst ist, ist er nicht mehr • ____________________.

3 Wiederhole den Versuch 2 mit KANDISZUCKER. Was fällt dir auf?

• ____

____

Streiche von den blau unterlegten Wörtern je eines heraus, sodass der Satz richtig wird.

! Je größer / kleiner die Teilchen sind, desto schneller / langsamer lösen sie sich auf.

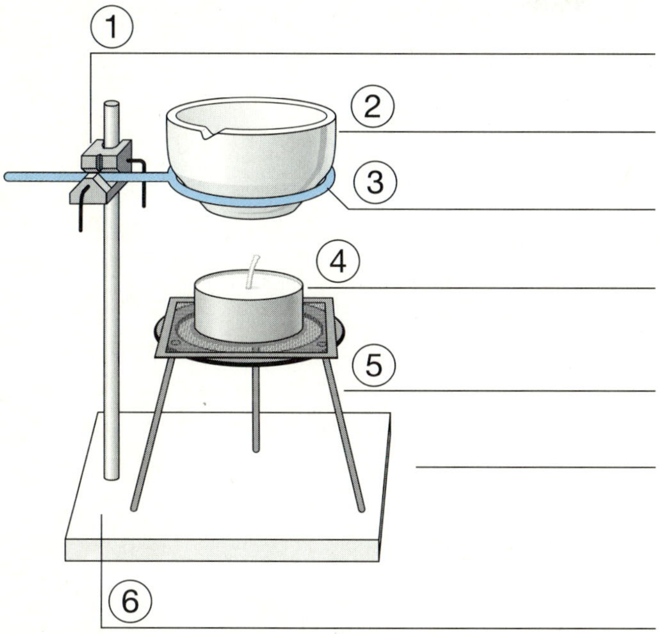

1 Beschrifte die Versuchsanordnung. Verwende dazu die Bezeichnungen vom Arbeitsblatt 30.

2 Baue dann in der Reihenfolge der angegebenen Nummern den Versuch auf.

3 Stelle aus 50 ml Wasser und 1 Teelöffel Salz eine Salzlösung her. Gib einen Esslöffel dieser Lösung in die Porzellanschale.

4 Entzünde das Teelicht und warte, bis sich kein Wasser mehr im Tiegel befindet. (**Vorsicht!** Die Schale wird von unten mit einer Rußschicht überzogen!)

5 Untersuche – auch mit einem angefeuchteten Finger – den Rückstand auf

Farbe: •

Geruch: •

Geschmack: •

Form: •

Welche Folgerung kannst du aus deinen Beobachtungen ziehen?

•

6 Hausaufgabe: Fertige einen Kurzbericht zur Salzgewinnung aus Meerwasser an.

•

Cola – eine Zuckerbombe?

1 Lies von einer Dose oder einem Etikett einer Flasche ab, welche Zutaten in COLA enthalten sind. Schreibe diese auf:

- ______________________________

____

____

2 Lege auf ein Dreibein ein Keramik-Eisen-Netz und stelle darauf eine Porzellanschale.
Gib in die Schale 50 ml COLA. Erhitze die Flüssigkeit **vorsichtig** mit einem Campinggasbrenner.
Vorsicht beim Umgang mit dem Campinggasbrenner!

Unterbreche den Vorgang, bevor der Sirup fest wird, indem du die Gaszufuhr abstellst!

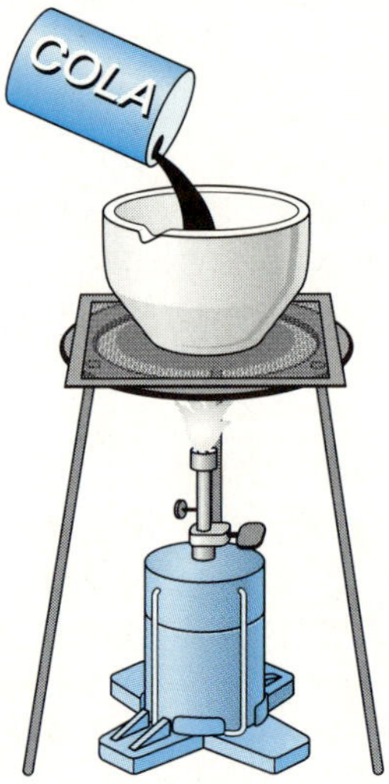

3 Untersuche den Inhalt der Schale auf

a) Aussehen:

- ______________________________

____

b) Geruch:

- ______________________________

____

4 Mache mit dem Eindampfvorgang weiter bis der Sirup fest wird. Untersuche wieder auf Aussehen und Geruch:

a) • ______________________________

b) • ______________________________

5 Schätze ab, wie viel Zucker in 330 ml Cola aufgelöst ist. Wie vielen Stücken Würfelzucker würde dies ungefähr entsprechen?

17 ☐ 20 ☐ 25 ☐

6 Wiederhole den oben beschriebenen Versuchsablauf mit COLA-LIGHT.
Vergleiche die Mengen des Rückstandes. Untersuche wieder auf Aussehen und Geruch.

- ______________________________

____

____

____

____

Züchtung großer Salzkristalle

KRISTALLFORMEN

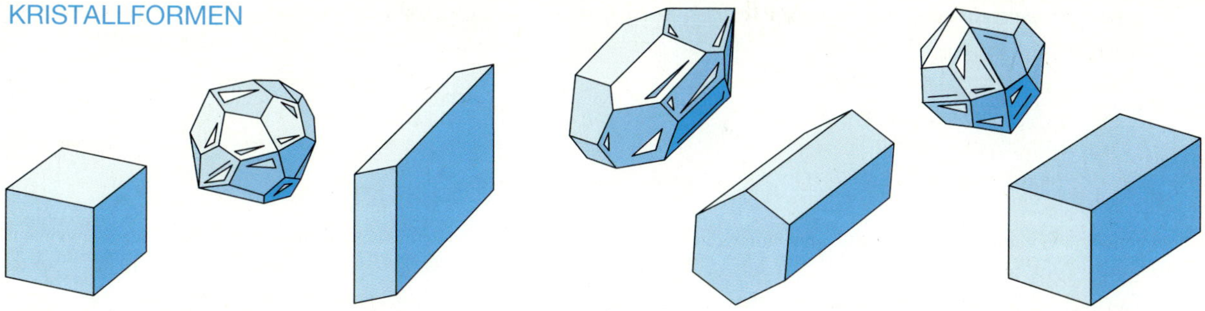

LANGZEITVERSUCH

1 a) Fülle 130 ml destilliertes Wasser in ein Becherglas und löse darin unter kräftigem Rühren möglichst viel Salz.
Erhitze diese Salzlösung langsam auf ca. 95 °C (Thermometer) und füge unter ständigem Rühren so viel Salz hinzu, bis sich am Boden ein Satz bildet.

b) Filtriere diese heiße Lösung in ein sauberes Becherglas.

2 a) Klebe **vorsichtig** einen kleinen Kristall aus Meersalz mit wasserunlöslichem Klebstoff an einen dünnen Seidenfaden. Dieser wird an einem Trinkhalm befestigt und in die Mitte des Becherglases gehängt.

b) Decke das Becherglas mit einem Stück Pappe ab und stelle es in einen größeren Behälter an einen ruhigen Ort mit möglichst gleich bleibender Temperatur.

3 Filtriere die Lösung wöchentlich ab und achte darauf, dass außer dem IMPFKRISTALL alle anderen Nebenkristalle entfernt werden!

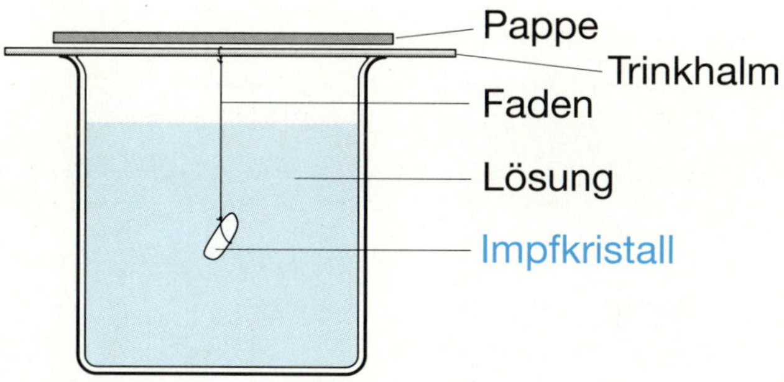

4 Untersuche den so gewonnenen Kristall. Vergleiche ihn mit den oben abgebildeten Kristallformen. Mit welcher Form stimmt er überein?

> **!** Kristalle werden umso größer, je länger der IMPFKRISTALL in der Lösung bleibt!

DER VERSUCH ERFORDERT GEDULD UND IST NICHTS FÜR EILIGE!

Fremdstoffe in Wasser

1 Sieh dir die beiden Fotos an. Welche Fremdstoffe erkennst du auf dem Wasser?

• ______________________________

Überlege, welche weiteren Stoffe in dem verunreinigten Wasser enthalten sein könnten.

• ______________________________

2 Besorge dir verschiedene Stoffe aus eurem Haushalt und versuche diese in Wasser zu lösen. Notiere deine Beobachtungen in unten stehender Tabelle.

Beispiele: Lehm / Semmelbrösel / Waschpulver / Puderzucker / Erde / Holzspäne / Essig / Kreide / Reis / Gummibärchen / Milchpulver / Paprikapulver / Salatöl / Kakaopulver / Tinte / Kaffee / Mehl.

Stoff	löst sich gut	nicht gut	gar nicht
•			
•			
•			
•			
•			
•			
•			

3 Suche aus den obigen Beispielen die blauen Buchstaben heraus und füge diese zu einem Wort zusammen. Trage dieses in den Merksatz ein.

! Wasser ist ein • _ _ _ _ _ _ _ _ _ _ _ _ _ ,
aber nicht alle Stoffe lassen sich in Wasser lösen.

1 Ordne die grafischen Teilchendarstellungen Ⓐ bis Ⓕ den entsprechenden Fotos Ⓘ, Ⓘⓘ oder ⒾⒾⒾ zu. Trage die Buchstaben in die Kreise ein.

I ◯ ◯

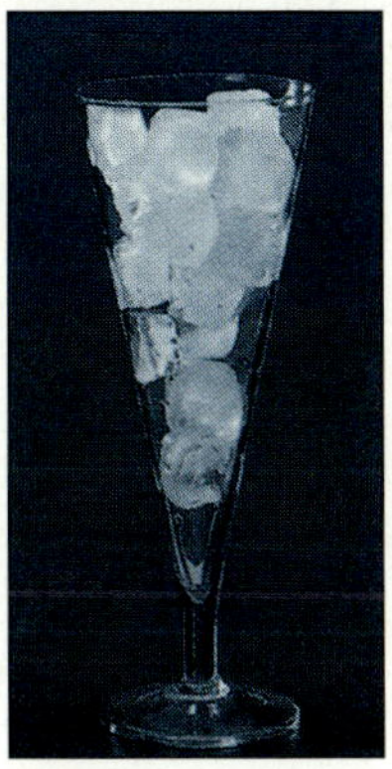

II ◯ ◯

III ◯ ◯

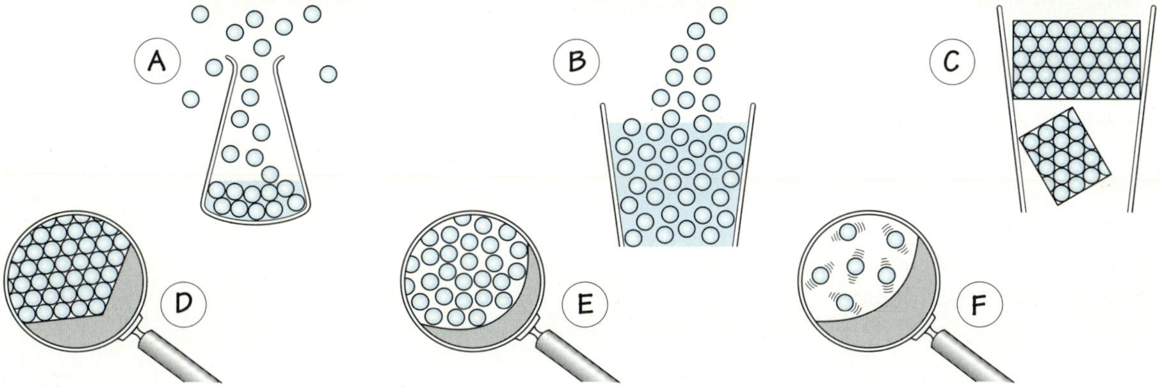

2 a) Schneide aus Pappe einen rechteckigen Rahmen ca. 5 cm x 10 cm. Lege in die leere Fläche so viele Pfennigstücke wie möglich. Welcher Darstellung von oben entspricht dies?

• ______________________________

b) Nimm 5 Pfennigstücke heraus: Welche Teilchendarstellung hast du nun?

• ______________________________

c) Wie viele Pfennigstücke müsstest du ungefähr entnehmen, um die Teilchenvorstellung für einen gasförmigen Körper zu erhalten?

• ______________________________

3 Vervollständige die folgenden Sätze:

!

a) Alle Körper bestehen aus • __________ • __________ .

b) In Festkörpern sind die Teilchen • __________ angeordnet.

c) In Flüssigkeiten sind die Teilchen • __________ • __________ .

d) In Gasen sind die kleinsten Teilchen • __________ • __________ .

… viele, viele bunte Schokolinsen

1 a) Gib 5–6 Schokolinsen gleicher Farbe in eine Porzellanschale: wenn möglich wähle zuerst braune oder violette Schokolinsen. Gieße mit einer Pipette einige Tropfen Salzwasser darüber.

b) Lege einen Streifen weißes Filterpapier (ca. 8 cm lang und 3 cm breit) in die Schale und beobachte. Klebe nach dem Trocknen den Farbstreifen auf dein Arbeitsblatt.

2 Wiederhole den Versuch mit Schokolinsen anderer Farbe.

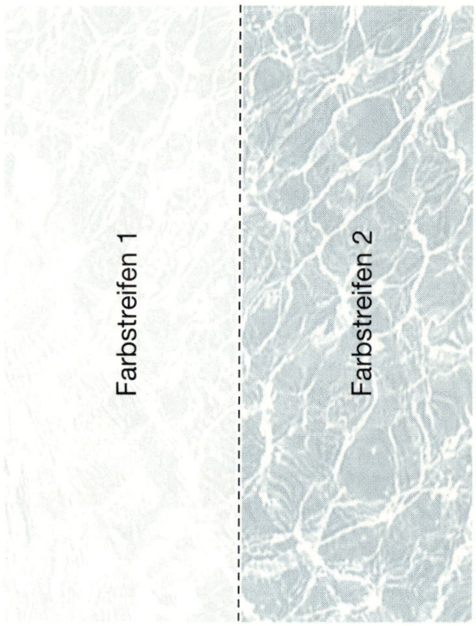

… FARBENSCHREIBEN auf weißer Kreide

3 a) Gib in ein kleines Becherglas ca. 20 ml Wasser. Löse darin einen halben Teelöffel „edelsüßen Rosenpaprika“ und gib mit einer Pipette ca. 10 Tropfen Spiritus dazu.

b) Stelle eine <u>dicke</u> runde Kreide senkrecht in die Lösung. Zeichne deine Beobachtungen in die untenstehende Grafik ein und beschreibe das „Farbenspiel“.

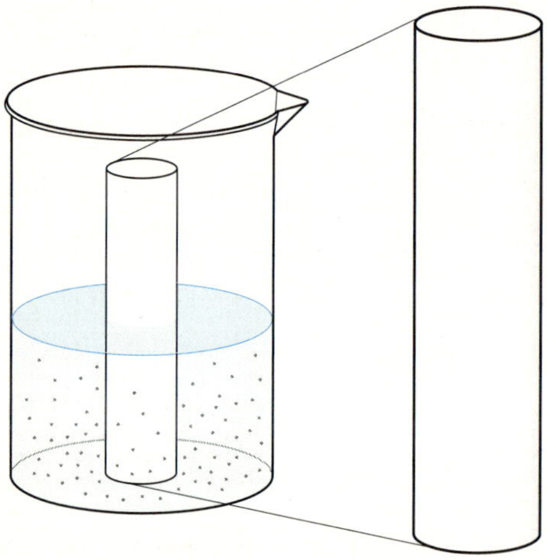

- ______________________________

1 a) Schneide in die Mitte eines Rundfilters ein Loch. Male mit 3 wasserlöslichen Filzstiften verschiedener Farbe 3 Kreisbögen – wie in der Abbildung dargestellt – um das Loch.

b) Halbiere ein weiteres Filterpapier und wickle die eine Hälfte zu einem „Docht" und stecke diesen durch das Loch, sodass eine Art „Pilz" entsteht.

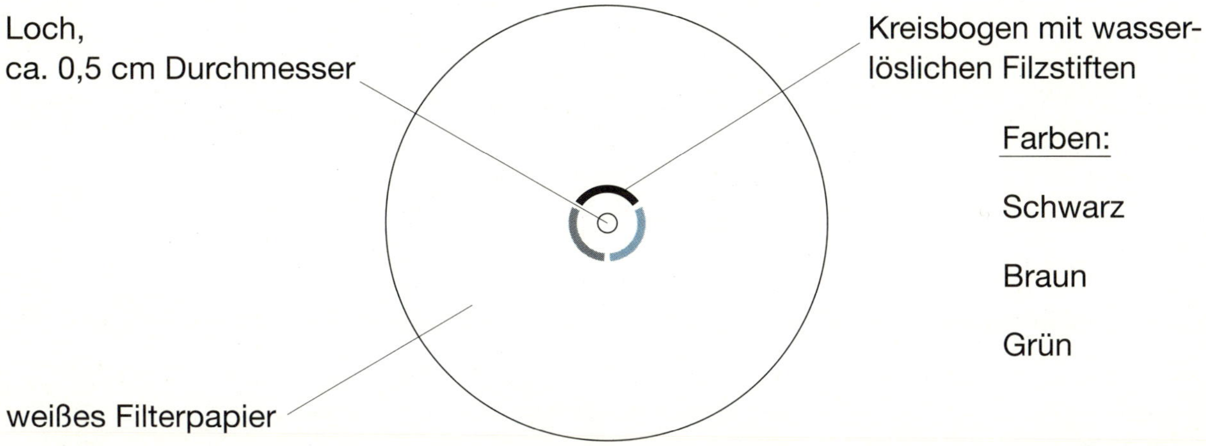

c) Lege das Rundfilter mit „Docht" auf eine mit Wasser gefüllte Porzellanschale, sodass der „Docht" ins Wasser eintaucht. Beobachte über einen Zeitraum von 10 Minuten.

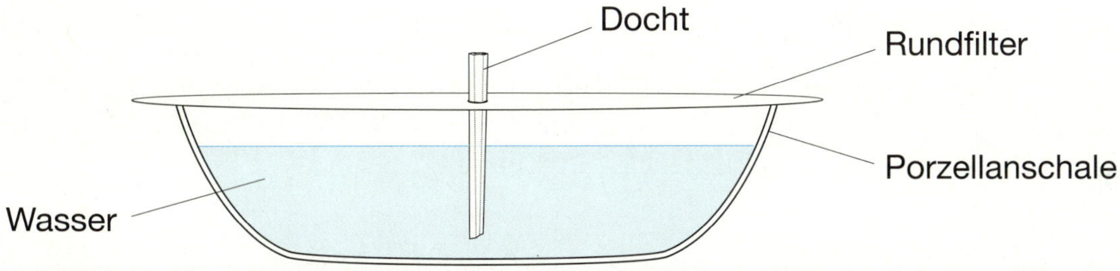

2 Besorge dir nun 3 verschiedene schwarze wasserlösliche Stifte verschiedener Hersteller! Wiederhole den oben beschriebenen Versuch. Was beobachtest du jetzt?

- ____

____

____

____

____

____

____

____

Eine Hilfe für das Grobe!

1 Mit welchen Gegenständen lässt sich verschmutztes Wasser säubern?

- ______________________ - ______________________
- ______________________ - ______________________

2 Schütte jeweils 1 Teelöffel der in der Tabelle aufgeführten Stoffe in jeweils 200 ml Wasser. Rühre um und gieße das verschmutzte Wasser durch den Trichter mit dem Papierfilter.
Notiere deine Beobachtungen in der Tabelle.

Stoff	Beobachtungen
Sägespäne	•
Holzkohlepulver	•
Erde	•

! Diese Art der Reinigung nennt man • _ _ _ _ _ _ _ _ _ _.

3 Filtriere – jeweils mit einem neuen Filter – zuerst Tinte, dann eine Salzlösung, und dann Essigwasser.
Beobachte jeweils die gefilterte Flüssigkeit auf Aussehen, Geruch und evtl. Geschmack:

• ______________________

Nicht alle Stoffe können wieder aus dem Wasser durch • ______________________ entfernt werden.

1 Betrachte in den unteren Abbildungen die WASSERREINIGUNG in der NATUR links und im LABOR rechts.

2 Trage bei dem Vergleich beider Reinigungsverfahren die Begriffe Humus / Kies / Quellwasser / Regen / Watte / Sand / Steine / Schmutzwasser / Aktivkohle ein.

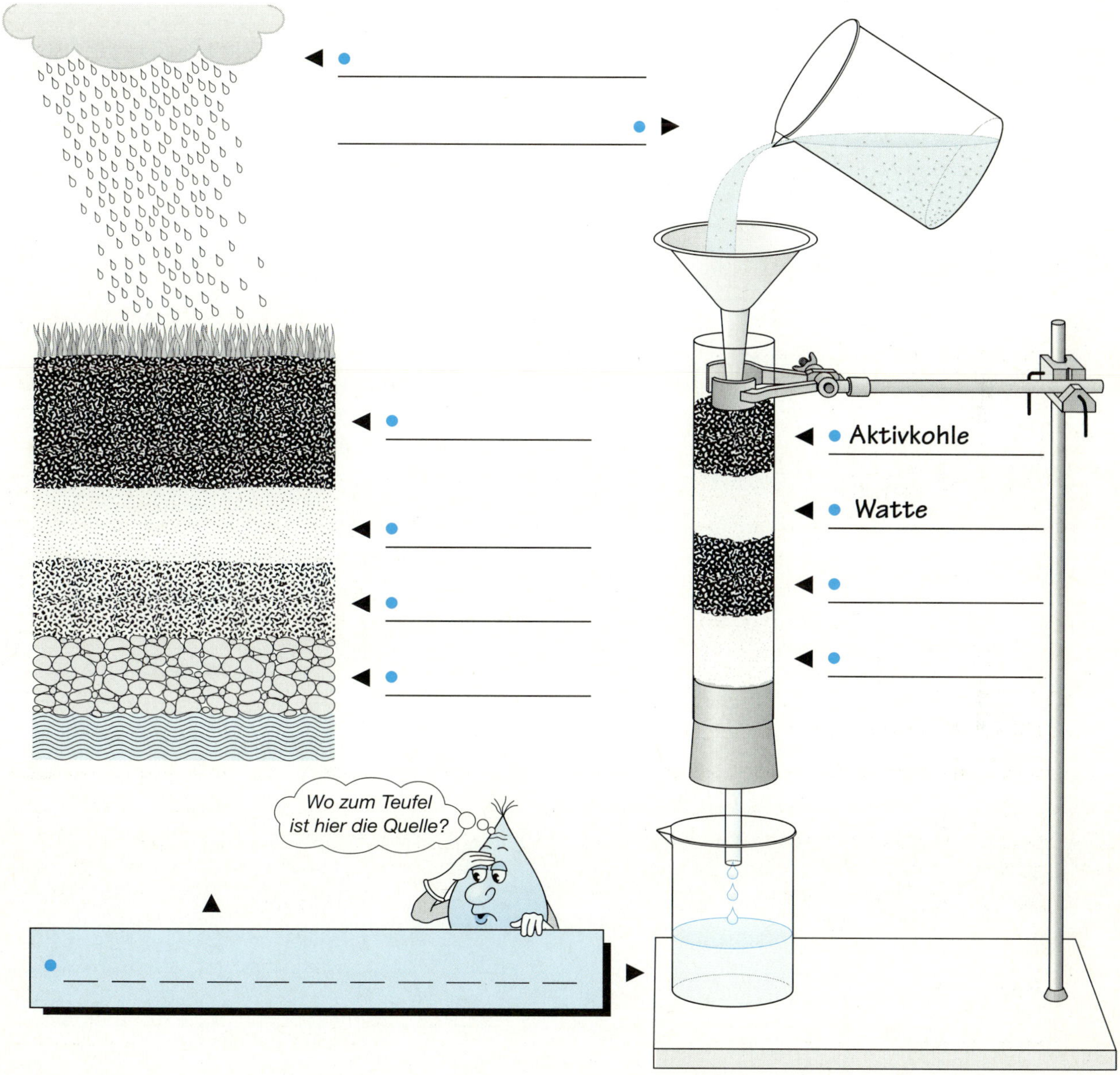

3 Baue den künstlichen Schmutzfilter nach. Versuche damit „schlammiges“ Wasser zu reinigen.

! In der Natur wirken die verschiedenen Erdschichten • ________, • ________, • ________ wie ein • ________ und reinigen Schmutzwasser.

! MEERWASSER gibt es genügend auf der Erde. Es ist aber salzig und dadurch sehr gesundheitsschädlich für den menschlichen Körper!

1 Baue den dargestellten Versuch nach:

Löse dann Salz in einem kleinen mit Wasser gefüllten Becherglas.
Gieße von der Lösung etwas in den Rundkolben (ca. 1 cm hoch).

2 Erhitze den Rundkolben mit einem Campinggasbrenner.
(**Vorsicht** beim Umgang mit dem Brenner!)

3 Verfolge den Weg des Wassers vom Rundkolben bis zum Becherglas und versuche ihn zu beschreiben.

• ____________________

____

____

____

____

____

____

____

____

____

4 Untersuche das gewonnene Wasser auf seinen Geschmack.

• ____________________

! Diese Art der Reinigung nennt man • __ __ __ __ __ __ __ __ __ __ __ __ .

Fischsterben im Badesee!

Motoröl im Wasserschutzgebiet

Streusalz streuen im Winter verboten!

1 Befrage deine Eltern über GESUNDHEITSRISIKEN bei
- … zu salzreichem Essen (Salz in Baby-Nahrung)
- … Gewässerverunreinigung (mögliche Gründe eines Fischsterbens)
- … Überdüngung von Ackerböden

KEIMUNGSVERSUCHE mit KRESSESAMEN

2 a) Lasse 30 Kressesamen 15 Minuten in Leitungswasser aufquellen. Fülle eine Glasschale 5 cm hoch mit Watte und befeuchte diese. Lege die Kressesamen darauf.

b) Die Anordnung wird mit „verschmutztem“ Wasser gegossen, das du dir folgendermaßen herstellst: Vermische 200 ml Leitungswasser jeweils mit 5–8 Tropfen der unten angegebenen Verunreinigungen.

c) Benetze jeden Tag die Samen mit demselben verschmutzten Wasser. Notiere den Zeitpunkt, wann der erste Samen keimt.

d) Wie viele Samen keimen nach 4 Tagen? Wie viele nach 6 Tagen? Wie hoch sind die Keimlinge nach dieser Zeit? Zeichne ein.

• mit 'Leitungswasser'
Beginn: ……………

Datum 1. Keimling: ……………

• mit 'Spülmittelwasser'
Beginn: ……………

Datum 1. Keimling: ……………

• mit 'Salzwasser'
Beginn: ……………

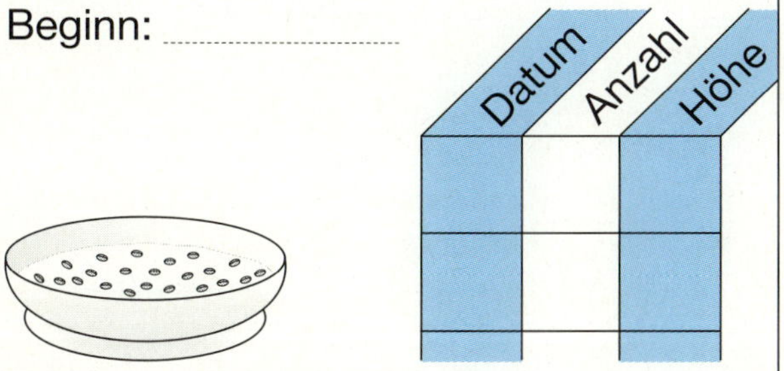

Datum 1. Keimling: ……………

• mit 'Heizölwasser'
Beginn: ……………

Datum 1. Keimling: ……………

1 a) Befestige 3 Glasröhrchen unterschiedlicher Stärke und einen Selleriestängel mit einem Klebeband an der Innenwand einer durchsichtigen Wanne. Gieße gefärbtes Wasser in das Gefäß, bis die unteren Öffnungen eingetaucht sind.

b) Zeichne in die Abbildung den Wasserstand in den Röhren ein. Beobachte insbesondere den Selleriestängel mit einer Lupe.

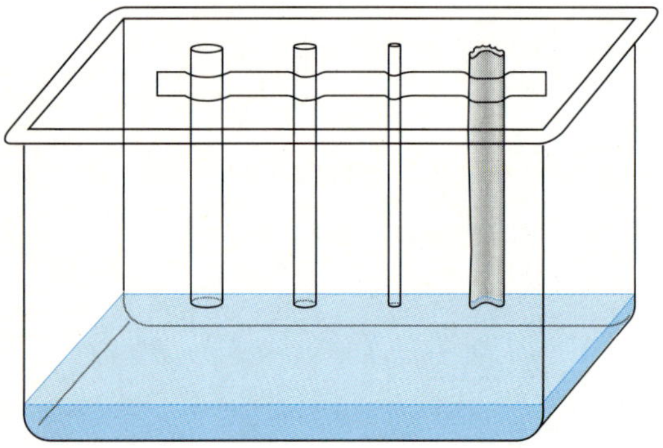

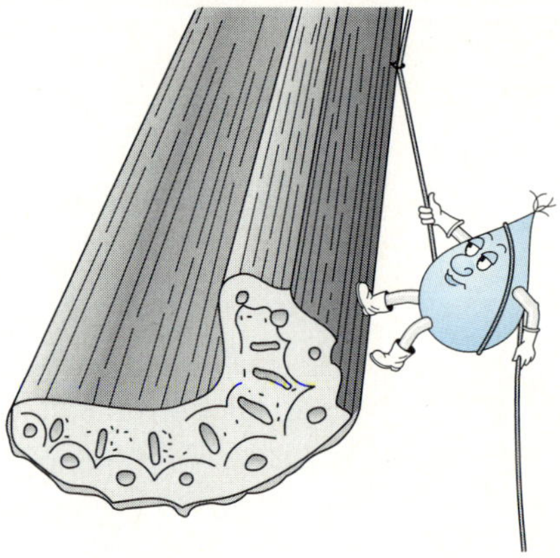

Selleriestängel

Formuliere das Ergebnis deiner Beobachtung:

! Je • ________ das Röhrchen, desto • ________ steigt das Wasser.

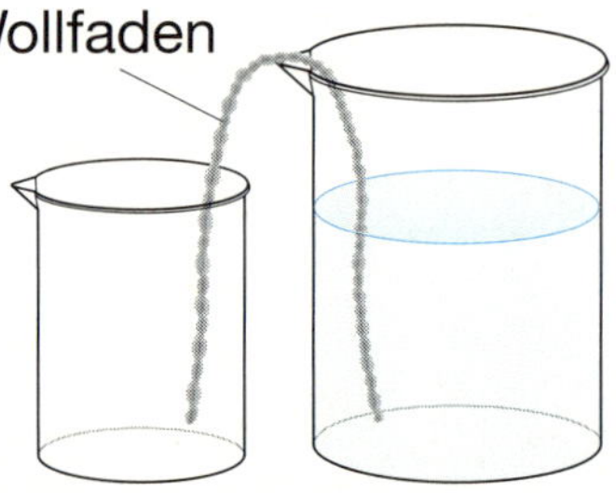

2 Hänge in das große Becherglas einen dicken angefeuchteten Wollfaden.
Beschreibe deine Beobachtungen:

• ______________________________

____

____

3 Verschließe eine beidseitig offene durchsichtige Kunststoffröhre an einem Ende mit einem Zellstofftuch. Fülle sie mit trockenem Sand und stelle sie mit dem verschlossenen Ende in eine mit Wasser gefüllte Plastikwanne. Beschreibe deine Beobachtungen

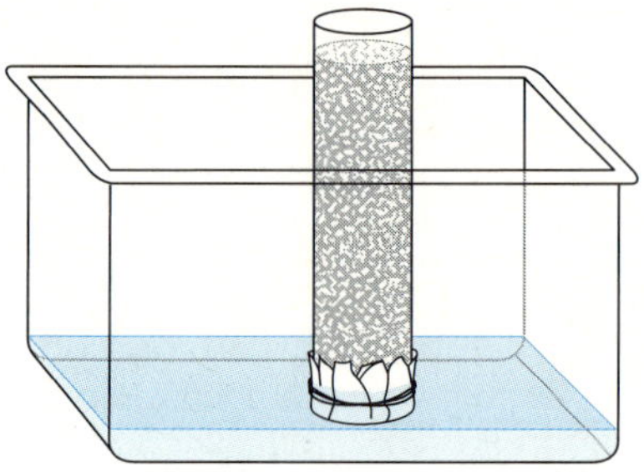

• nach 1 Stunde: ______________________________

• nach 1 Tag: ______________________________

____

Das fleißige Lieschen

1 Stelle je einen Stängel des „Fleißigen Lieschens“ in ein Becherglas. Das eine ist gefüllt mit Wasser und dunkelroter Lebensmittelfarbe, das andere mit dunkelblau gefärbtem Wasser.
Beobachte nach 1 Tag bzw. nach 1 Woche die beiden Stängel.
Zeichne in die beiden Abbildungen deine Beobachtungen ein.

Die durstigen Primeln

2 Stelle einen Primel-Blumentopf auf die Fensterbank; gieße diesen einige Tage nicht!
Gieße dann intensiv und beobachte nach 1 bis 2 Stunden.

Beschreibe deine Beobachtung:

(Du kannst auch ein Bild der fast verwelkten Primel anfertigen und hier einkleben.)

Hat Wasser eine „Haut“?

1 Fülle ein Glas randvoll mit Wasser. Gib **vorsichtig** Büroklammern in das Glas! – Schätze vorher ab, wie viel Stück hineinpassen, ohne dass das Wasser überläuft!

Schätzung: vorher • ______

Ergebnis: nachher • ______

Zeichne deine Beobachtungen in die nebenstehende Grafik ein:

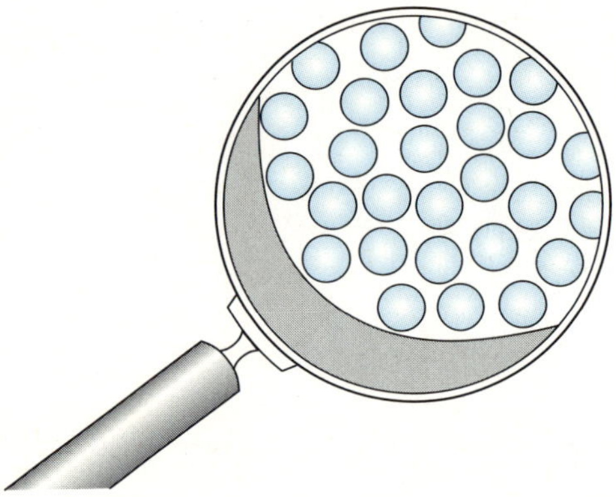

2 Überlege dir Antworten auf folgende Fragen:
„Wie kommt es, dass Wasser tropft und nicht fließt?“

• ______________________________

____

____

„Warum gelingt es dir nicht, einen Tropfen Wasser mit deinen Fingern vom Tisch hochzuheben?“

• ______________________________

____

____

3 Lege – **ganz vorsichtig** – einmal eine Nähnadel, einmal eine Rasierklinge, einmal eine Reißzwecke und einmal ein gebogenes Drahtgeflecht auf eine Wasseroberfläche.
Was fällt dir auf?

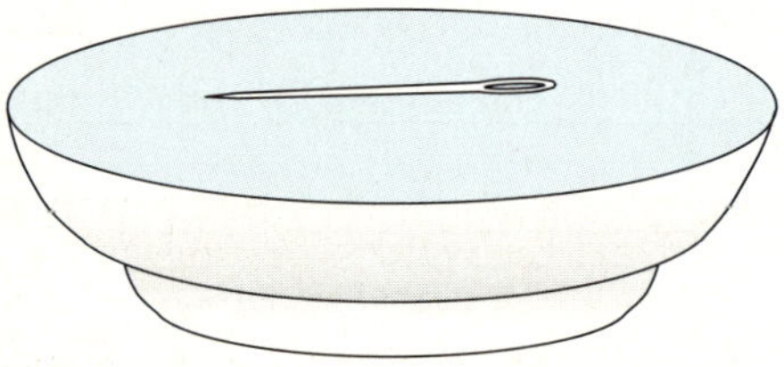

• ______________________________

____

____

4 Vervollständige den Text:

!

WASSER hat eine • __ __ __ __ und kann Gegenstände • __________.
Diese bleiben auf der • __________ liegen. Dabei entsteht eine kleine • __________.

... und die Nadel geht doch unter!

1 Lege ganz vorsichtig eine Nähnadel auf eine Wasseroberfläche. Gib dann – mithilfe eines Zahnstochers – einige Tropfen Spülmittel auf die Wasseroberfläche (nicht verrühren!). Beobachte!

• ______________________________

Wiederhole dies mit den anderen Gegenständen des Versuches 3 auf dem Arbeitsblatt 20.
Achtung: Du musst nach jedem Versuch das mit Spülmittel verschmutzte Wasser wegschütten!

2 Streue Sägespäne oder Pfefferpulver auf die Wasseroberfläche und bringe einen Tropfen Spülmittel dazwischen. Beobachte und zeichne:

• ______________________________

____

____

____

3 Knote die beiden Enden eines dicken Wollfadens zusammen und lege ihn auf eine Wasseroberfläche. Lasse mithilfe eines Zahnstochers einen Tropfen Spülmittel in die Mitte fallen. Beobachte!

• ______________________________

____

4 Gib mit einer Pipette einen dicken Wassertropfen auf den Tisch. Beschreibe seine Form:

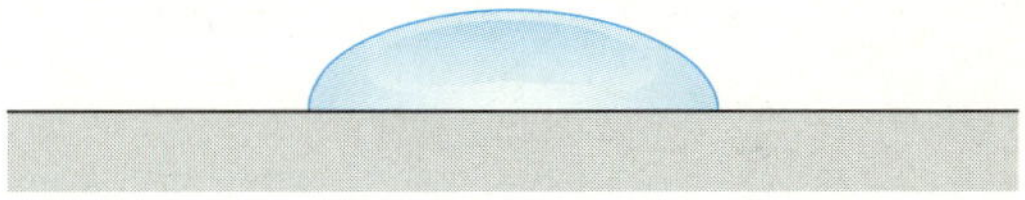

• ______________________________

Gib nun mit einem Zahnstocher einen Tropfen Spülmittel auf den „Wasserberg“.
Zeichne und beschreibe deine Beobachtung:

• ______________________________

Mithilfe von Spülmittel • ______________ Wasser.

5 Baue zu Hause aus Karton oder Styropor nach der nebenstehenden Abbildung ein etwa 5 cm langes Schiffchen. Setze es in die Badewanne. „Betanke“ es mit 2–3 Tropfen Spülmittel in die runde Aussparung.

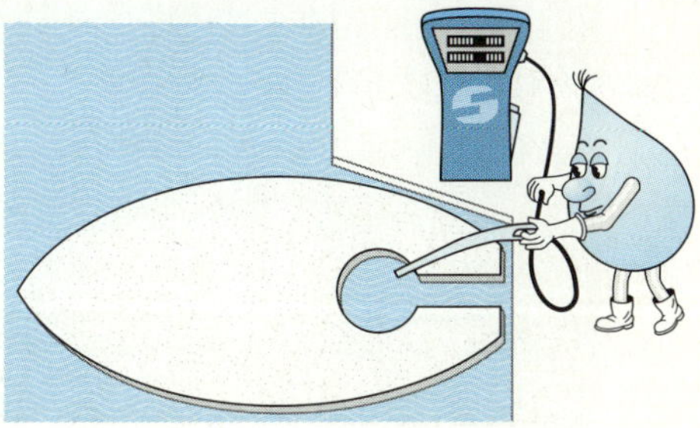

Wie viel Meter legt es zurück? • ______________

Rezeptur zur Herstellung einer Seifenlösung:

1 Mische ein Liter Wasser mit einem Viertelliter Spülmittel und einem Liter Glycerin.

2 Bauanleitungen für Halterungen:

a) Schneide einen dicken Plastik-Trinkhalm vierfach, ca. 2 cm tief ein und biege den Rand nach außen.

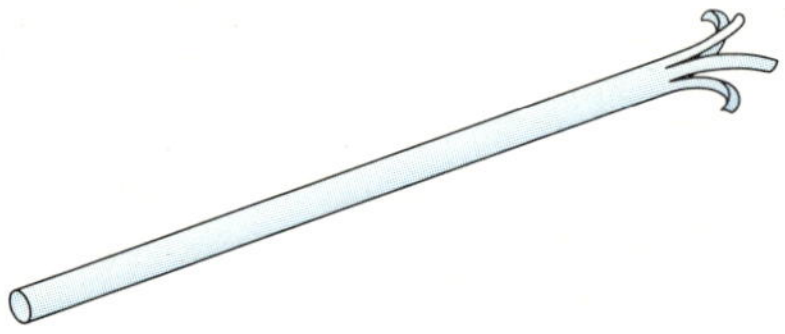

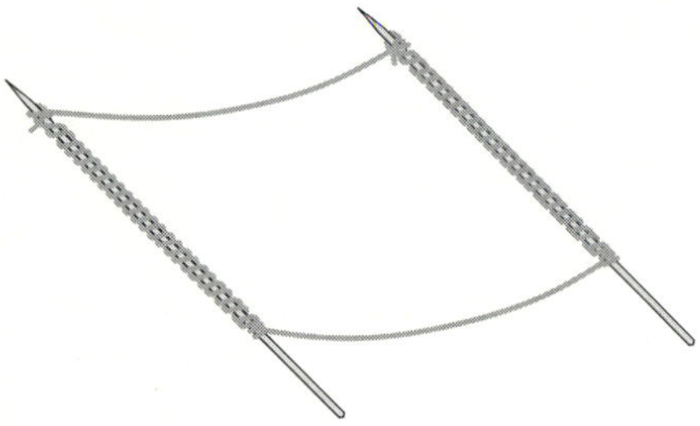

b) Umwickle zwei Schaschlick-Holzspieße mit einem dicken Wollfaden und verbinde sie mit zwei Wollfäden.

c) Biege einen 40–50 cm langen Klingeldraht zu einem Ring. Umwickle diesen dann mit einem dicken Wollfaden.
(Mit einem längeren Draht kannst du dir auch andere geschlossene Formen zurechtbiegen.)

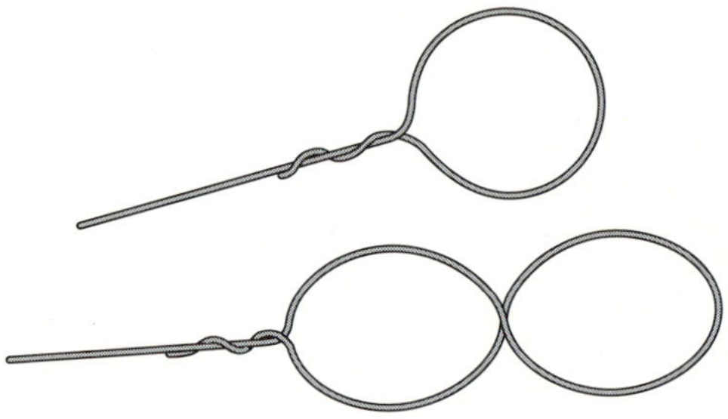

3 So, jetzt geht's los!

Tauche deine selbst gebauten Halterungen in die Seifenlösung und schwenke diese durch die Luft.

4 Auf den Fotos unten siehst du weitere Drahtmodelle. Baue sie nach.
Probiere aus, welche „Seifengebilde" entstehen, wenn du sie in die Lösung eingetaucht hast.

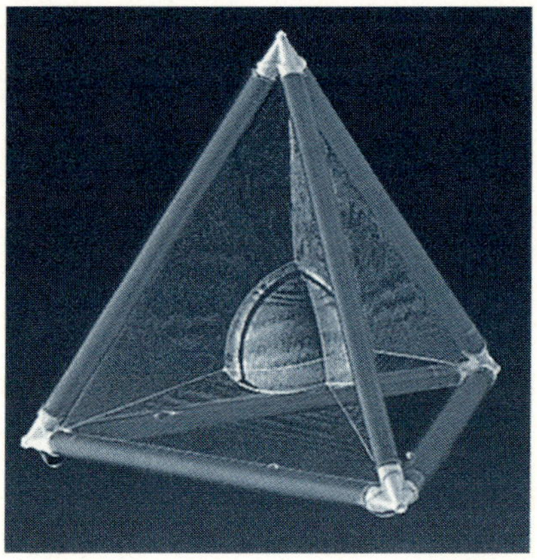

Senfkörner fahren Fahrstuhl

1 Besorge dir je ein Becherglas mit 100 ml COLA; 100 ml destilliertem Wasser und 100 ml Mineralwasser.

2 Schütte in jedes Glas einen Teelöffel Senfkörner. Notiere deine Beobachtungen:

	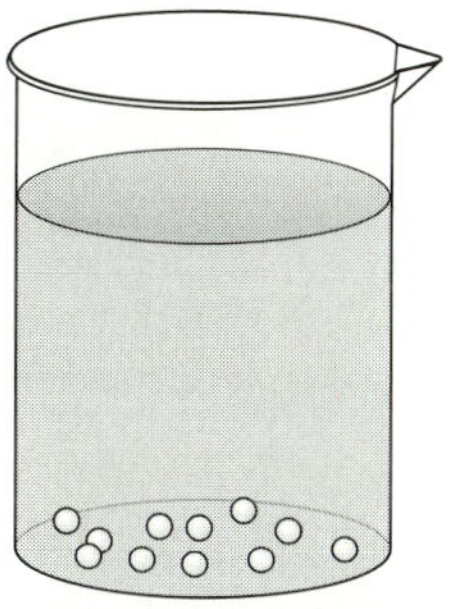 COLA	 destilliertes Wasser	 Mineralwasser
Die Senfkörner befinden sich zu Beginn	● ______	● ______	● ______
Was passiert dann?	● ______ ______ ______	● ______ ______ ______	● ______ ______ ______

3 Versuche eine Erklärung zu geben:

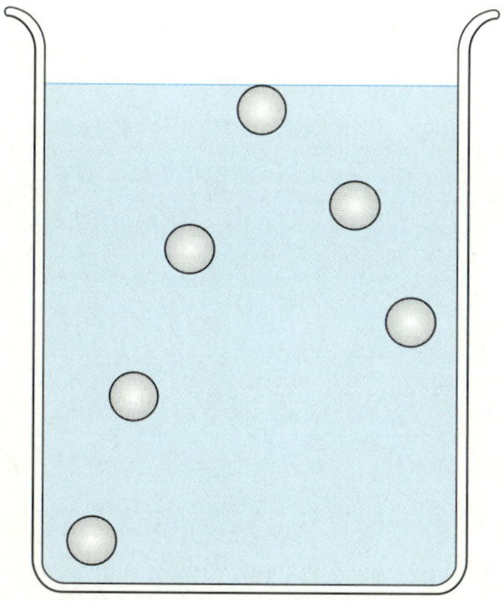

Das in Cola und Mineralwasser frei gewordene

● _ _ _ _ _ _ _ _ _ _ _ _ _ _ _ _ _

lagert sich in Form ● ______ ● ______ an den Senfkörnern an. Diese werden dadurch ● ______ ● ______ transportiert. An der ● ______ entweichen die Bläschen in die Luft; die Körner ● ______ wieder zu Boden; und der Vorgang ● ______ ● ______.

4 Untersuche zu Hause andere Flüssigkeiten, wie z. B. Milch, Bier, Leitungswasser, Sekt, …
Prüfe mithilfe der Senfkörner, welche Getränke KOHLENSTOFFDIOXID enthalten.

● ______________________________

● ______________________________

Warum können Schiffe aus Eisen schwimmen?

1 Überlege, warum das Kind bzw. die Schiffe nicht untergehen?

• ____

____

____

2 a) Besorge dir einige von den abgebildeten Gegenständen und untersuche, welche untergehen und welche schwimmen. Vervollständige die Tabelle.

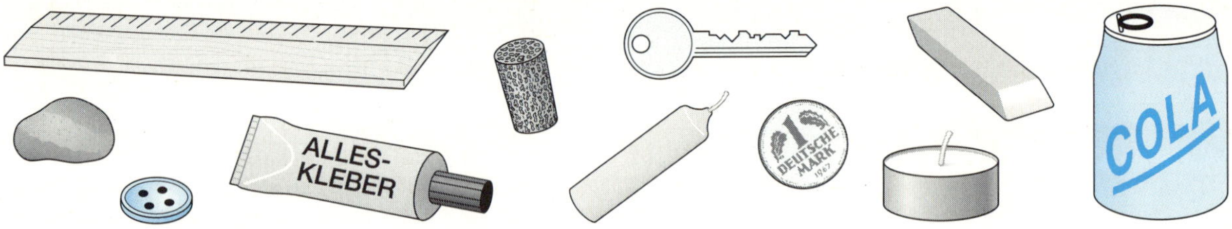

NICHTSCHWIMMER	SCHWIMMER
•	•
•	•
•	•
•	•
•	•

b) Suche weitere Gegenstände und probiere aus.

! Körper, die viel • __________ enthalten, sind gute • ______________ .

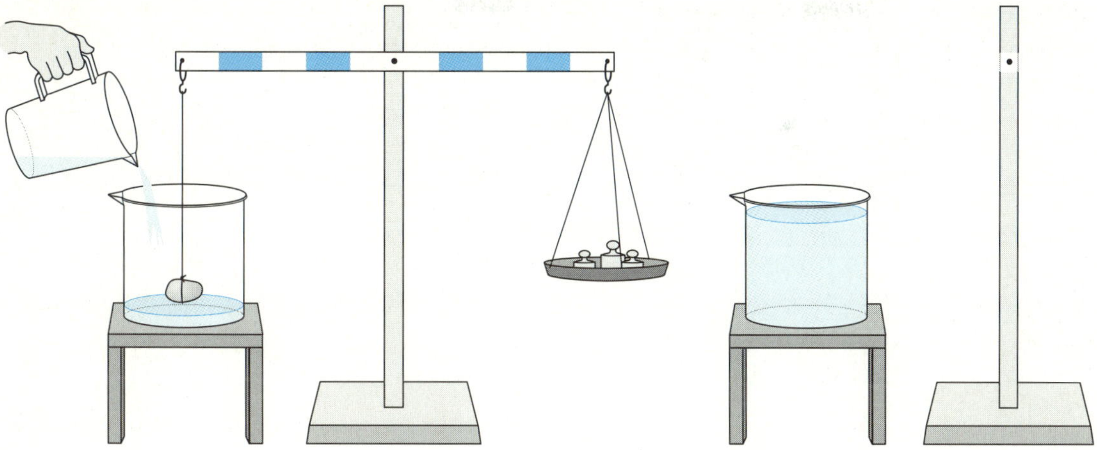

1 a) Befestige einen kleinen Kieselstein an der einen Seite der Balkenwaage und bringe diese ins Gleichgewicht.

b) Stelle dann ein Becherglas unter den Stein und fülle das Gefäß mit Wasser, bis der Stein vollständig mit Wasser bedeckt ist.

c) Beobachte, was mit der Waage passiert und zeichne den neuen Zustand der Waage in die rechte Abbildung ein.

2 Notiere deine Vermutungen, wie es zu dieser Veränderung kommt:

• ____

____

____

____

____

3 Ersetze den Kieselstein durch so viel Plastilin, dass die Waage wieder ins Gleichgewicht kommt. Wiederhole Versuch 1 und vergleiche die Stellungen des Balkens der Waage.

• ____

____

____

> Das Wasser trägt den Stein und den Plastilinkörper • __________ gleich!

... und das Plastilin schwimmt doch! 26

1 Fülle ein Becherglas mit Wasser und markiere den Wasserstand.
Forme aus 1 Stange Plastilin, dann aus 2 Stangen Plastilin und danach aus 3 Stangen Plastilin jeweils eine Kugel, und lege sie nacheinander ins Wasser.
Markiere jeweils wieder die Wasserstände. Vergleiche!

- ______________________________

____

____

2 Stelle nun aus 3 Stangen Plastilin verschieden geformte Gebilde her und lege diese jeweils auf das Wasser. Was passiert?

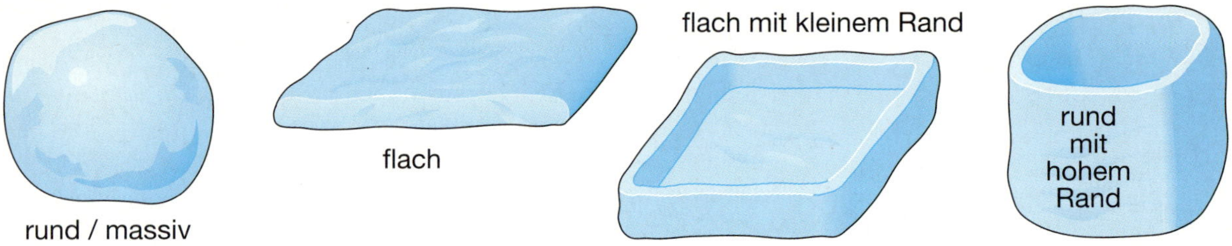

- ______________________________

____

____

____

3 Überlege dir, was du verändert hast, damit das Plastilin schwimmt?

- ______________________________

____

____

4 Belade dein „Schiff" mit Büroklammern. Wie viel Stück trägt es?

- ______ Büroklammern

5 Führe nun SCHWIMMVERSUCHE mit folgenden Gegenständen durch:

- Nussschale
- Seifenschale
- Deckel einer Cremedose
- Filmdose

Belade die „Schiffe" mit kleinen Kieselsteinen und vergleiche:

- ______________________________

____

____

Eine farbige Flüssigkeitstreppe

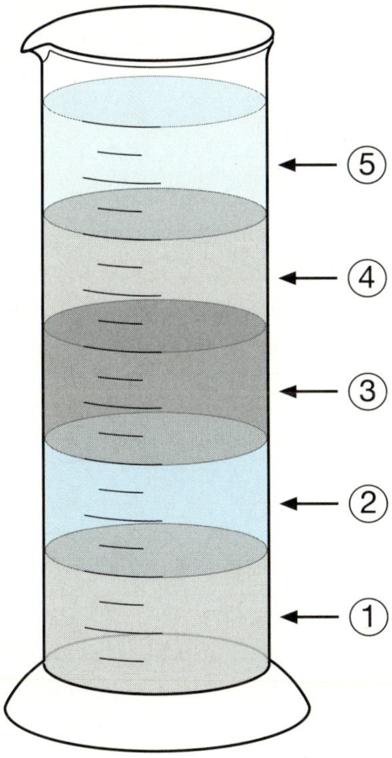

1 Schichte in einem Standzylinder folgende Flüssigkeiten **übereinander!** Dazu musst du die Flüssigkeiten in der unten angegebenen Reihenfolge vorsichtig an einem Holzstab entlang langsam in den Standzylinder fließen lassen.
(Die einzelnen Schichten sollten ungefähr 3–4 cm hoch sein.)
Achtung: Die Flüssigkeiten dürfen sich nicht vermischen!

(1) sehr süßer Kaffee
(2) gefärbtes Leitungswasser
(3) Rotwein
(4) Speiseöl
(5) Spiritus

2 a) Lege vorsichtig mit einer Pinzette die folgenden Gegenstände in der angegebenen Reihenfolge auf die „FLÜSSIGKEITSTREPPE“: Radiergummi, Büroklammer, Reißzwecke, Apfelstück, Traube (Johannisbeere), Stück Kork, Stück Kerzenwachs.

b) Kreuze an, auf welcher Flüssigkeitsstufe du die einzelnen Gegenstände wieder findest.

Spiritus							
Öl							
Wein							
Wasser							
süßer Kaffee							

3 Fülle zu Hause ein höheres Glas zur Hälfte mit einer starken Salzlösung. Überschichte diese mit Leitungswasser, indem du es langsam (!) an einem Löffel hineinlaufen lässt. Lege vorsichtig ein gekochtes Ei in die Flüssigkeit. Was passiert?

● ____

____

1 Beschrifte die einzelnen Teile, aus denen der abgebildete Versuch zusammengebaut wurde; benutze die Bezeichnungen von Arbeitsblatt 30:

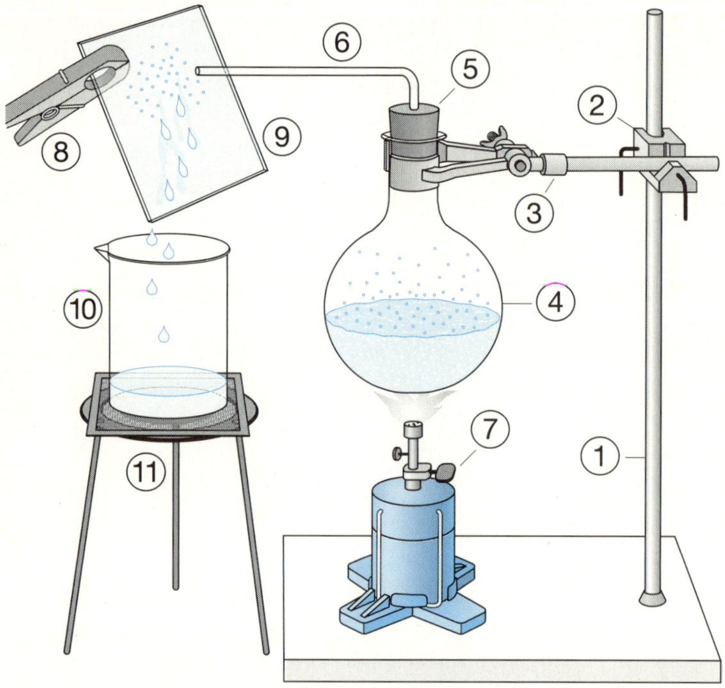

1. ______________________
2. ______________________
3. ______________________
4. ______________________
5. ______________________
6. ______________________
7. ______________________
8. ______________________
9. ______________________
10. ______________________
11. ______________________

2 Dein Lehrer führt dir den Versuch vor. Beobachte und beschreibe, wie das Wasser aus dem Rundkolben in das Becherglas gelangt.

- ______________________

3 In der Natur spielen sich die beschriebenen Vorgänge in einem KREISLAUF ab. Beschreibe diesen.

- ______________________

1 Übertrage die Größe und Form des Schiffsrumpfes auf eine 2 cm dicke Styroporplatte und schneide sie aus.
Beachte, dass die Einschnitte Ⓔ am Heck nicht zu breit werden. Für das Ruder Ⓡ verwendest du ein Stück Pappe (2,5 cm x 4 cm).

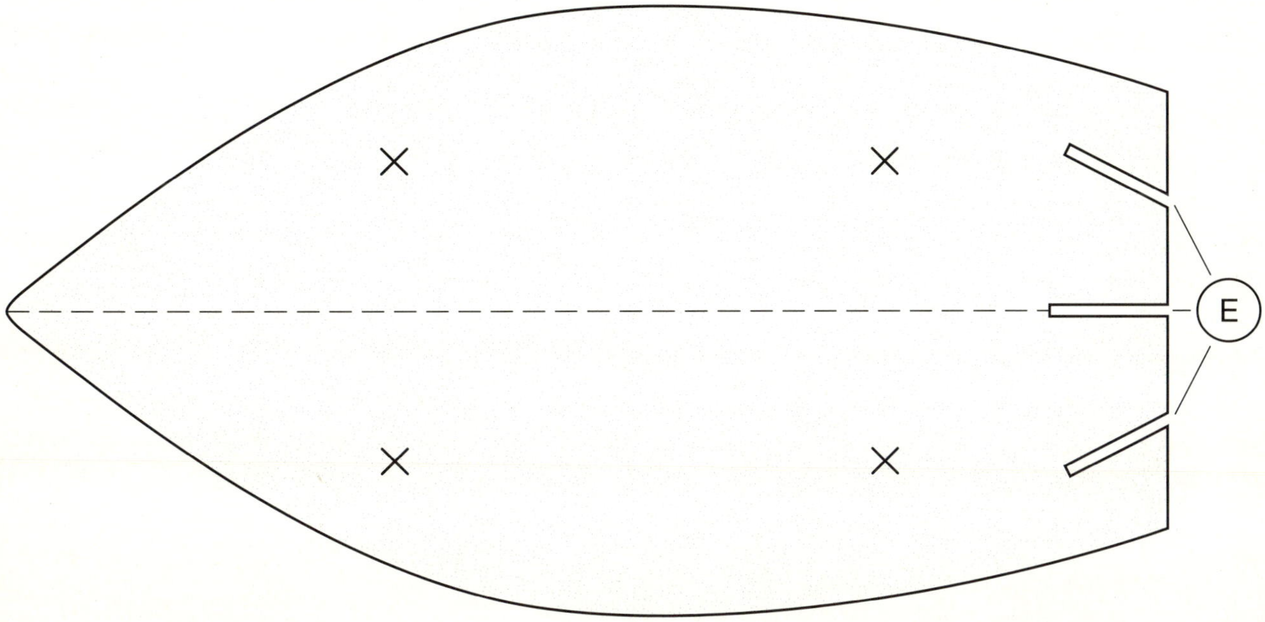

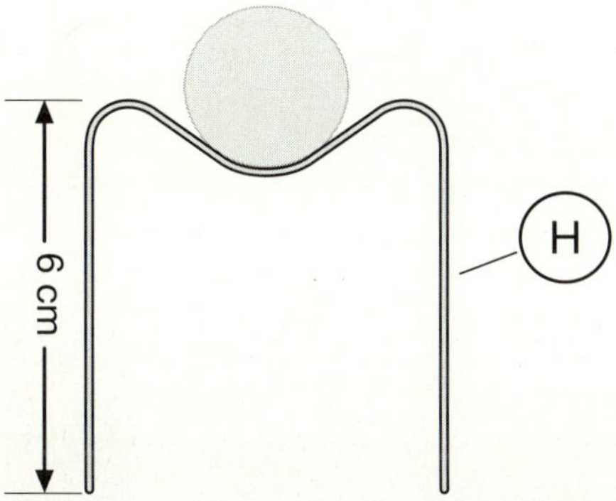

2 Forme aus zwei 16 cm langen Stücken abisoliertem Kupferdraht die beiden Halterungen Ⓗ. (Sie sehen wie ein „M" aus.)
Du musst die Enden des „M" an den eingezeichneten Stellen „x" durch das Styropor stecken.

3 Besorge dir – aus der Apotheke oder aus einem Zigarrenladen – ein verschraubbares längliches Aluminiumröhrchen. Durchstoße den Deckel mit einem dünnen Nagel. Fülle es – weniger als die Hälfte – mit Wasser, verschließe es danach und lege es auf die Halterungen.

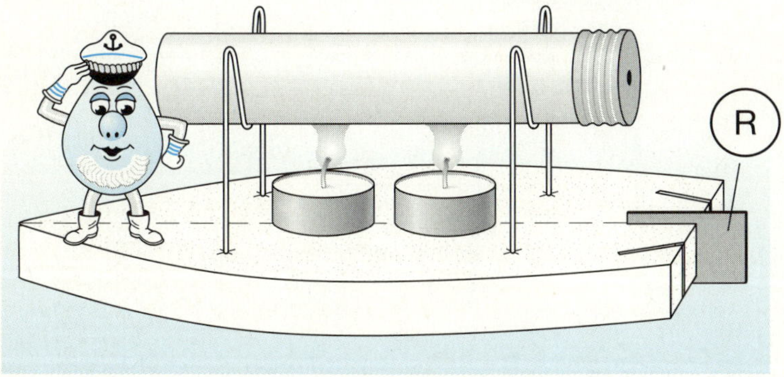

4 Stelle 2 Teelichter unter das waagerechte Röhrchen, entzünde sie und setze dein Boot in eine große Wanne. Beobachte!

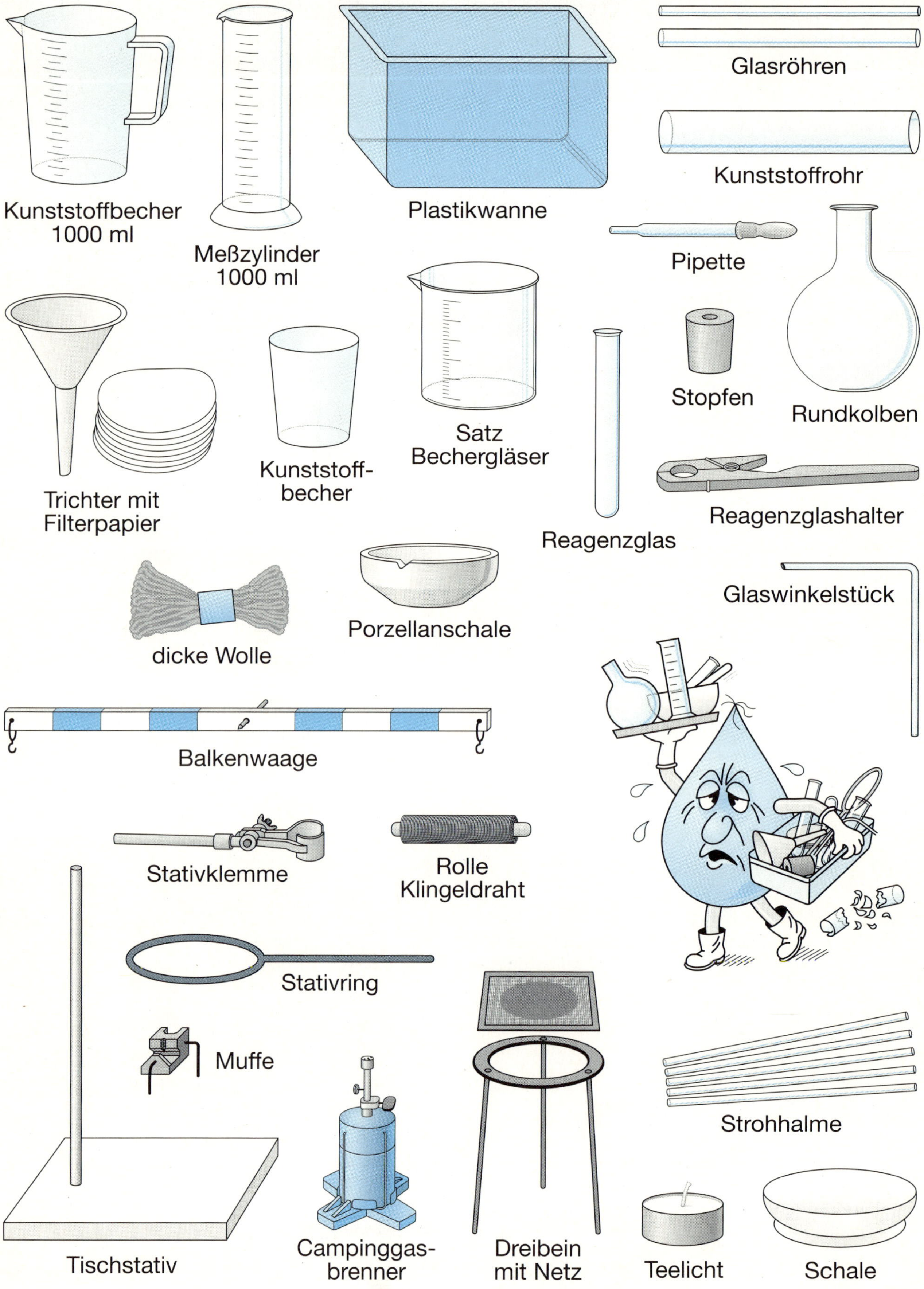
Kunststoffbecher 1000 ml
Meßzylinder 1000 ml
Plastikwanne
Glasröhren
Kunststoffrohr
Pipette
Rundkolben
Trichter mit Filterpapier
Kunststoff-becher
Satz Bechergläser
Reagenzglas
Stopfen
Reagenzglashalter
dicke Wolle
Porzellanschale
Glaswinkelstück
Balkenwaage
Stativklemme
Rolle Klingeldraht
Stativring
Muffe
Strohhalme
Tischstativ
Campinggas-brenner
Dreibein mit Netz
Teelicht
Schale